LE DIOCÈSE DE BESANÇON

AU DIX-SEPTIÈME SIÈCLE.

VISITE PASTORALE

D'ANTOINE-PIERRE DE GRAMMONT.

(1663-1668.)

PAR M. L'ABBÉ J. MOREY,

CURÉ DE BAUDONCOURT.

BESANÇON,
IMPRIMERIE ET LITHOGRAPHIE DE J. JACQUIN,
Grande-Rue, 11, à la Vieille-Intendance

1869.

LE DIOCÈSE DE BESANÇON AU DIX-SEPTIÈME SIÈCLE.

VISITE PASTORALE D'ANTOINE-PIERRE DE GRAMMONT.

(1665-1668.)

L'une des obligations les plus rigoureuses imposées aux évêques a toujours été celle de visiter leur troupeau. Établis pour gouverner l'Église de Dieu (1), ils doivent nécessairement en connaître les membres et se rendre compte par eux-mêmes de l'état des personnes et des choses confiées à leurs soins. En leur réservant d'une manière à peu près exclusive le pouvoir d'administrer le sacrement de confirmation, l'Église a voulu les rattacher plus étroitement à leurs peuples, les obliger à parcourir leur diocèse et à remplir les fonctions de *surveillant* qui leur sont dévolues, et qu'indique si clairement leur nom.

Dans les premiers siècles, cette surveillance était facile. La plupart des diocèses étaient fort restreints, et on conçoit qu'il était aisé de visiter des circonscriptions comme celles de Nazianze et d'Hippone, où la ville épiscopale et sa banlieue formaient tout le diocèse. Mais dans les régions du nord, où les métropolitains et les simples suffragants eurent de tout temps d'immenses territoires, la visite épiscopale devenait une œuvre des plus laborieuses, et quand on songe à la difficulté, ou plutôt à l'absence des chemins, aux dangers des voyages, aux guerres sans cesse renaissantes, et aussi à la rudesse des mœurs, on n'est pas surpris des qualifications données à ces visites, qui sont représentées comme pleines de périls, de fatigues et d'épreuves de tout genre.

L'immense étendue du diocèse de Besançon ne permettait pas d'en faire souvent la visite générale. Cependant, les documents dont nous

(1) *Act.*, xx, 28.

rencontrons çà et là des lambeaux, nous permettent d'affirmer que la plupart de nos archevêques en ont fait au moins une, laissant ensuite à leur suffragant le soin de parcourir le diocèse pour administrer la confirmation, consacrer les églises, régler les différends, et remplir les fonctions épiscopales (1).

Ce n'est pas au point de vue théologique ou moral que nous apprécierons ces visites. Chacun sait que leur but était de rapprocher le pasteur du troupeau, de veiller au maintien de la foi, de la discipline et des bonnes mœurs, de prévenir ou réformer les abus, corriger les méchants, encourager les bons, et faire fleurir sur tous les points du diocèse la piété, la religion et la vertu (2).

C'est surtout au point de vue de l'histoire ecclésiastique d'une province que nous voulons apprécier la valeur des documents qui résultent de ces visites solennelles. Rien ne fait mieux connaître les qualités ou les défauts d'un peuple, que ces procès-verbaux tenus jour par jour, que ces interrogatoires si simples et ces réponses si naïves, qui peignent au naturel les hommes et les choses des temps passés. On voit là non-seulement l'état matériel des églises, monastères, hôpitaux et presbytères, mais aussi l'état spirituel de ceux qui les habitent, les vertus ou les vices de ceux qui les honorent ou qui les souillent de leur présence.

Nous ne craindrons pas d'entrer dans quelques détails qui mettront ce fait au grand jour. Le programme seul de la visite, tel qu'il est tracé dans nos anciens rituels, va nous montrer l'importance et la précision des documents qui en résultent pour l'histoire.

1° L'époque de la visite est annoncée par un mandement spécial de l'archevêque. Au jour fixé, le curé de chaque paroisse doit tenir prêtes ses lettres d'ordination, de nomination et de prise de possession de son bénéfice. Il doit présenter, en outre, un tableau très exact des revenus et des charges, de l'étendue et des limites de sa paroisse.

2° Tenir prêts les registres de baptême, de confirmation, de mariage, de sépulture et d'excommunication.

3° Il donnera par écrit un exposé sommaire de l'état de sa paroisse, où il indiquera ceux qui sont frappés de censure, ceux qui ont omis la confession et la communion pascales, les usuriers, les blasphémateurs, les pécheurs publics, en un mot les scandaleux.

---

(1) Les preuves en sont très nombreuses à partir du XVᵉ siècle. On peut s'en convaincre en parcourant le grand pouillé du diocèse. Aux archives du Doubs, 7 vol. in-f°.
(2) Rituale Bisuntinum majus. Claud. à Baumâ. Ant. Pet. de Grammont (1573-1683).

4° Dans cet exposé, il fera connaître les vices les plus fréquents et les abus les plus graves qui se sont glissés dans la paroisse, tels que le travail du dimanche, la fréquentation des tavernes, les foires, marchés, où se font des contrats frauduleux et se tiennent des jeux immoraux; il fera connaître les auteurs de ces désordres.

5° Il rendra compte à l'évêque de la vie, de l'âge, de la science, des mœurs, de la probité et des qualités du maître d'école et de la sage-femme.

6° Il présentera ceux qui doivent être confirmés, après les avoir instruits préalablement selon le catéchisme du diocèse.

7° Il présentera aussi le catalogue complet des messes, anniversaires et autres offices fondés, soit dans la paroisse, soit dans les chapelles et confréries.

8° Afin que l'évêque puisse plus facilement procéder à la visite, le curé devra exposer sur des tables couvertes de nappes blanches et décemment ornées, les vases sacrés, les ornements sacerdotaux, et tout ce qui sert au service des autels. Il aura soin de ne pas oublier les livres, antiphonaires, graduels, rituels et autres servant au culte divin.

9° Il montrera les reliques conservées dans l'église, avec leurs authentiques, ou les approbations épiscopales qui s'y rattachent.

Après les devoirs du pasteur, viennent ceux du troupeau.

1° Les paroissiens se réuniront pour recevoir le prélat, et ils lui porteront le dais, si cela est nécessaire et s'il s'en veut servir.

2° Les marguilliers ou fabriciens, et les recteurs des hôpitaux, s'il y en a, auront avec eux tous les titres et documents nécessaires, et surtout les inventaires et comptes de tous les biens meubles et immeubles de l'église, afin de rendre promptement raison de leur administration.

3° Les prieurs de confrérie apporteront les lettres d'érection de leur confrérie, avec ses règles et constitutions approuvées. Ils fourniront, de plus, l'inventaire des biens meubles et immeubles, et le présenteront à l'archevêque, afin de recevoir son approbation, s'il y a lieu.

4° La veille de la visite, le marguillier ou fabricien aura soin de faire nettoyer et orner l'église comme aux jours solennels; le soir, on carillonnera les cloches; on fera de même le matin de la visite, et au moment où le prélat entrera sur le territoire de la paroisse.

La procession doit aller jusqu'à la porte de la ville, ou à l'entrée du village, et là, les magistrats ou principaux habitants ayant salué le pontife et reçu sa bénédiction, lui offrent le dais pour aller à l'église.

Dans tout le cérémonial il n'est pas question de compliment. Les magistrats et le curé étaient donc libres de n'en point faire ; c'était l'usage et les convenances qui l'autorisaient.

A l'entrée de l'église, le curé offre l'eau bénite et l'encens au prélat, qui va directement s'agenouiller au pied du maître-autel. Après avoir récité quelques prières en l'honneur du patron de l'église, l'archevêque, se tournant du côté du peuple, lui annonçait les motifs de sa venue, et ordonnait au curé de lui faire connaître l'état de la paroisse. Après cet exposé, venait la confession des péchés, suivie de l'absolution des vivants et d'une double absoute pour les morts.

L'archevêque procédait ensuite à la visite de la très sainte eucharistie, examinant avec soin l'état du tabernacle, de sa serrure et des tentures de soie qui doivent le décorer à l'intérieur, puis il donnait la bénédiction du très saint Sacrement.

On se rendait ensuite processionnellement aux fonts baptismaux, qui étaient ouverts, encensés, puis examinés avec tous leurs accessoires. On ouvrait les châsses des saints, on constatait l'authenticité des reliques, on examinait les chapelles, les autels et leurs marbres, les statues, les peintures et les images, le cimetière et sa clôture ; on terminait par la sacristie, et là le pontife assignait aux fabriciens et marguilliers l'heure à laquelle ils devraient se présenter pour rendre compte de leur gestion et de l'emploi des revenus de l'église paroissiale.

La visite de l'hôpital, des chapelles de confréries et chapelles de dévotion, du presbytère et des maisons servant à l'habitation des clercs attachés au service de l'église, était remise au soir ou au lendemain ; le reste du jour s'employait à recevoir les plaintes, terminer les différends, corriger les pécheurs, et rendre les décrets épiscopaux dont les scribes ou secrétaires tiraient aussitôt copie pour la signifier le jour même ou les jours suivants aux parties intéressées.

On conçoit dès lors combien des documents de ce genre sont précieux pour l'histoire locale. Chaque passage du prélat est signalé par une foule d'ordonnances destinées à réformer les abus. Les statues immodestes, les autels mal en ordre, les tableaux inconvenants, les ornements déchirés ou malpropres, sont proscrits sans miséricorde. Les dévotions superstitieuses, les désordres publics, les malversations des clercs, et même les travers de l'époque, sont blâmés et réprimés avec vigueur. En général, le délai accordé pour exécuter les ordres du pontife ou de son commissaire, ne dépasse pas un mois, et les délinquants ne tardent point à se soumettre, dans la crainte d'être poursuivis par l'official. La notoriété publique n'est pas toujours une excuse aux yeux de la cour archiépiscopale. Exemple : les échevins et les chanoines de Calmoutier ayant répondu à l'archevêque Claude d'Achey (1), que chacun savait bien que les cloches de leurs deux églises avaient été prises par les Suédois, le prélat ne se contenta point de cette réponse, il exigea les preuves juridiques du fait et somma les prévenus de prouver leur dire par une enquête. Tant qu'ils n'auront pas fourni cette preuve, il les considère comme responsables.

Les chanoines prétendent qu'ils sont exempts. — Montrez vos titres. — Nous les avons perdus, ce sont les soldats de Tremblecourt qui ont enfoncé notre coffre aux archives, ils ont tout pillé, et malgré nos efforts nous n'avons pu les recouvrer. — C'est fâcheux, mais en attendant que vous les ayez retrouvés, nous allons procéder à la visite.

Et le procès-verbal constate qu'au lieu de neuf chanoines il n'en reste que trois, doyen compris; que l'église collégiale est belle et vaste, que son autel est en ordre, surmonté d'un tabernacle et orné de nombreuses statues de saints et d'apôtres peints et dorés. Le couronnement du tabernacle et le baldaquin porté sur des colonnes qui surmontait l'autel ont disparu, sans que l'on puisse dire ce qu'ils sont devenus. Comme l'église paroissiale menace ruine, on a transféré le baptistère et les saintes huiles dans la collégiale ; le baptistère n'a pas d'ornement, et la cuve manque de couvercle. Tous les revenus de l'église paroissiale étant perdus, il est impossible d'y mettre un curé. Les chanoines feront les offices paroissiaux et rempliront les fonctions curiales dans ce village, où il ne reste que dix-huit familles et le maître d'école. Bien que l'église paroissiale menace ruine, on pourrait encore la consolider, mais vu la pauvreté extrême des paroissiens, on ne leur fixe pas d'époque pour la rétablir et l'orner (2).

La partie la plus intéressante de ces visites était, sans contredit, celle où l'archevêque, siégeant comme juge, appelait par-devant lui ou ses procureurs tous les plaignants ou demandeurs du district qu'il visitait.

Nous devons donner au moins un spécimen des questions débattues dans ces assises, où chacun venait plaider sa cause et amenait au besoin son avocat.

La cour archiépiscopale est à Marnay ; les curés et les habitants des villages voisins viennent tour à tour exposer leurs griefs. Messire Pierre

---

(1) Visite du 21 mai 1651. Arch. de la Haute-Saône, G, 13.
(2) En 1680, Calmoutier avait encore 3,000 fr. de dettes. Cette église fut plus tard abandonnée et vendue au profit des paroissiens.

Benoist, curé de Mottey, se plaint de son vicaire, qui réside à Sornay; il dénonce en outre les abus qu'entraîne le repas annuel des membres de la confrérie de Saint-Martin. De leur côté, les paroissiens de Montagney, qui dépendent de lui, se plaignent de l'inexactitude du curé à célébrer la messe dans leur église les dimanches et fêtes. Ils remontrent que quand ledit Benoist est en chaire, il n'en peut plus descendre, ce qui explique peut-être pourquoi le chirurgien Claude Brésard sort au milieu du sermon et pourquoi le curé lui crie du haut de la chaire : « Va ! Dieu te conduise ! » Lesdits plaignants concluent à ce que leur curé ayant déjà été condamné pour avoir manqué de célébrer la messe aux jours prescrits, soit puni exemplairement. Quelle solution donner à toutes ces difficultés et griefs ?

Écoutons d'abord la plainte du curé contre son vicaire.

« Expose bien humblement le sieur Pierre Benoist, prestre curé de Mottey, et dit : Qu'ayant confié la desserte de Montagney au sieur Pyot, ce dernier a fait un estrange changement dans les esprits, ayant semé une grande dissension entre le pasteur et le troupeau par les intrigues qu'il a eues avec les principaux dudit lieu, mangeant souvent avec eux, s'émancipant par trop à leur compagnie, se festinant chez eux, et, par retour, se festinant chez soy. »

Après avoir reproché au vicaire les « beuveries et brigades scandaleuses » qu'il fait à Montagney, où on le voit plus souvent qu'à Sornay, lieu de sa résidence, messire Benoist conclut ainsi :

« C'est ce qui oblige le suppliant d'implorer la faveur de Vostre Révérence, la priant de vouloir par son authorité réprimer le sieur Pyot, puisqu'il n'y a aucune bonne affaire qui l'y appelle, lui défendre aussi de ne pas tant fréquenter les laïques au grand mespris de son caractère, et de quitter ses brigades, ses festins, ces compagnies de table où il demeure depuis le matin jusqu'à la minuit, au moins pendant cette sainte quarantaine ; lui commander de rester à Sornay, lieu de sa résidence, de garder la chambre, de prier et de méditer, de bien étudier pour se rendre capable d'emporter un bénéfice au concours, afin d'y entrer par la porte et non autrement : *Qui intrat aliundè, ille fur est et latro.* Ce sont les fins auxquelles ledit Benoist conclud, qui sont très véritables, et il espère que Votre Révérence les appointera, et ferés bien.

» *Nota bene.* — Ledit Benoist a été informé depuis peu que lundi 17 février, jour auquel ceux de Montagney lui ont fait signifier leur requête, il se fit un grand festin à Montagney où se retrouvèrent les sieurs curé d'Hugier et Pyot et beaucoup d'autres, qu'on les vit passer près de Mottey avec *mutte* de chiens faisant grand bruit. On voit bien par toutes ces façons de faire qu'on veut outrer le suppliant, qu'on veut le braver et l'insulter jusqu'à l'excès (1).   *Signé :* P. BENOIST, prestre indigne. »

Nous ne savons ce que répondit le révérendissime archevêque, car sa décision sur ce point ne nous est pas parvenue, mais il est probable que le joyeux vicaire reçut une semonce dont il garda le souvenir. Il cessa sans doute de jouer du cor de chasse et de festoyer les principaux du pays, car il étudia si bien qu'il se fit recevoir docteur en théologie, et obtint un bénéfice fort convenable. Il succéda plus tard au curé qui avait si nettement caractérisé sa conduite, et arriva aux limites de l'extrême vieillesse, laissant après lui un grand renom de charité (2).

Après le compte du vicaire, vient celui des confrères de Saint-Martin. Comme il est démontré que « le sobre repas » dû par le bâtonnier aux membres de la confrérie a dégénéré de son institution primitive, et que certains confrères, sous prétexte d'observer les règles de la charité, oublient celles de la tempérance, l'archevêque le supprime et ordonne qu'à l'avenir, au lieu de subvenir aux frais de ce repas, le bâtonnier donnera 20 francs, qui seront versés dans la caisse de la confrérie.

Jusqu'ici, messire Benoist paraît triomphant, mais les revers vont commencer. L'échevin Christophe Beuraud soutient la plainte des habitants, et prouve sans réplique que le curé a négligé plusieurs fois de célébrer à Montagney, les jours prescrits par les lois de l'Église ; qu'en dépit de l'usage immémorial, il voudrait contraindre ses paroissiens à descendre à Mottey, ce qui n'est ni facile ni même raisonnable, puisque l'église de Montagney jouit de revenus suffisants pour être desservie, et que les habitants désirent ardemment de l'être. La mauvaise volonté du pasteur est du reste évidente, puisqu'il a déjà été condamné pour ce fait, comme M. l'official présent au débat peut s'en souvenir et l'affirmer.

Battu sur tous les points, messire Benoist s'entend condamner à faire par lui-même ou par un autre, et à ses frais, les offices commandés.

Fiers de ce succès, les plaignants représentent que la population de Montagney est triple de la population de Mottey ; ils demandent pour ce motif que le curé transfère sa résidence parmi eux, et promettent de bâtir un presbytère dès qu'ils le pourront. Une honorable veuve, dame Rose Fouillot, intervient alors et déclare qu'en attendant la construction

---

(1) Archives particulières.
(2) Messire Pierre Benoist est enterré dans l'église de Mottey-Besuche. Le docteur Jean-B^{te} Pyot, son vicaire, repose dans celle de Montagney.

du presbytère, elle offre un logement convenable au titulaire des deux cures réunies.

Accablé par ce feu roulant de reproches, de jugements et de propositions, messire Pierre Benoist demande du temps pour réfléchir. On le lui accorde, et après quelques jours, il envoie solennellement, par la main du notaire apostolique Bourgeois, parlant à la personne des échevins, une déclaration portant « qu'à l'avenir il ne prêchera plus de manière à les incommoder; qu'il se fera grand honneur de célébrer leurs offices à des heures régulières, et de les contenter en tout ; qu'il consent à demeurer provisoirement dans la maison offerte par dame Rose Fouillot, priant qu'on veuille bien le pourvoir au plus tôt de quelque honneste logement. » La paix se trouve ainsi faite, et le but de la visite archiépiscopale pleinement atteint.

On voit tout l'intérêt que comportent des détails de ce genre, et la connaissance parfaite qu'ils donneraient des mœurs et coutumes anciennes, dont le tableau fait le plus grand charme de notre histoire locale. Malheureusement, les volumineux registres et papiers de la chambre archiépiscopale, où ces détails étaient consignés, ont disparu. La révolution les a brûlés ou détruits et dissipés sans pitié ; et les rares extraits qu'on en trouve dans les archives seigneuriales ou paroissiales, font déplorer plus vivement la stupide manie de brûler et de détruire, qui distingua la fin du xviiie siècle (1).

Pour retrouver au moins l'ensemble de ces détails, il faudrait aller à Rome et compulser les archives du Vatican, où se trouvent probablement conservées les relations de l'état du diocèse, adressées au souverain pontife par nos archevêques (2).

Quand il faisait son pèlerinage au tombeau des apôtres — et il était tenu de le faire dans les quatre premières années à partir de son sacre — l'évêque devait rendre compte au souverain pontife de l'état de son diocèse, et lui en faire connaître les besoins. Il est à croire que les archevêques de Besançon n'ont pas manqué à ce devoir, et qu'en allant faire acte de soumission au siége apostolique, ils présentaient le tableau sommaire ou l'abrégé de leurs procès-verbaux de visite pastorale.

(1) De toutes les archives de l'*Archevêché*, il ne reste guère que les inventaires et quelques registres à la préfecture du Doubs.
(2) Les archives de la chambre apostolique ne renferment pas moins de 11,000 registres relatifs aux anciens diocèses de France. On espère que le gouvernement enverra bientôt quelques paléographes avec mission d'en faire le dépouillement. Quelle source de richesses pour notre histoire provinciale !

Quel intérêt n'offrirait pas le récit de la visite générale de Jean VI de Vienne (1356), après la peste noire et au temps des grandes compagnies ; celles de Thiébaud de Rougemont (1405—20), de Quentin Ménard (1440—50), après les guerres des Bourguignons, des Armagnacs et des Ecorcheurs ! — Les visites d'Antoine de Vergy, de Claude de la Baume, de Ferdinand de Rye et de Claude d'Achey, faites au milieu des luttes soulevées par le protestantisme ou par l'ambition de la France, ne seraient pas moins intéressantes.

L'original de tous ces procès-verbaux de visite est perdu, et ceux qui peuvent encore exister sont restés ignorés jusqu'à ce jour. On ne connaît en Franche-Comté qu'un fragment de la première visite générale faite en 1668 par l'archevêque Antoine-Pierre de Grammont, premier du nom. C'est ce fragment que nous offrons aux lecteurs.

Les indications précédentes serviront à leur faire comprendre certaines formules dont l'emploi sera fréquent, et qu'il était à propos d'expliquer, afin qu'il devînt impossible de se méprendre sur leur sens. Le texte est en latin, nous ne faisons que le traduire, en supprimant seulement les détails que tout le monde connaît, et l'aride nomenclature de faits qui se reproduisent dans chaque station avec le même caractère et dans les mêmes termes (1) :

Au très excellent et très saint Père notre seigneur le Pape Clément IX.

Antoine-Pierre de Grammont, par la grâce de Dieu et du saint-siége apostolique, archevêque de Besançon et prince du saint empire romain.

Très saint Père,

Le diocèse de Besançon renferme dans sa vaste étendue, non-seulement le comté de Bourgogne, qui a 157 lieues ou 471 milles italiens de circonférence, la largeur de ce comté étant de 30 lieues ou 90 milles italiens, et sa longueur de 40 lieues ou 120 milles, mais il s'étend en outre du côté de l'Allemagne, de l'Alsace, de la Lorraine et de la France. Nous parlerons de chacune de ces parties suivant l'ordre de notre visite générale.

A cause de cette grande étendue, l'archevêque ne peut suffire seul à remplir les devoirs et offices de sa charge ; il est obligé, avec la permission du saint-siége, de se servir d'un suffragant, qui porte le titre d'évêque d'Andreville. »

---

(1) Le manuscrit original appartient aux missionnaires d'Ecole. M. le chanoine Denizot en a fait faire une belle copie pour la bibliothèque du chapitre.

Après ce préambule, vient une courte description de la ville archiépiscopale, de ses établissements religieux et de l'organisation générale du diocèse, toutes choses qui sont trop connues pour être reproduites au long ; nous ne ferons que les analyser.

L'archevêché de Besançon a été cher aux empereurs d'Allemagne ; ils en avaient élevé les titulaires à la dignité de princes de l'empire ; c'est comme tels qu'ils ont de grands officiers et des droits régaliens, mais la succession des temps et les révolutions humaines ont bien diminué ces droits.

De toute ancienneté il y a eu deux cathédrales, dédiées l'une à saint Étienne, sur le mont Cœlius, l'autre à saint Jean, au pied de cette même montagne. Les premiers évêques de ce siége ont été remarquables par leurs vertus, et il n'est pas inutile d'esquisser la vie de huit d'entre eux, pour faire connaître les origines et les développements qu'ils donnèrent à leur Église.

L'insigne chapitre métropolitain, dont l'existence remonte jusqu'à ces temps reculés, se compose de quarante-trois chanoines, dont quatre dignitaires ; 24 chapelains et 12 enfants de chœur les assistent dans la célébration des offices. Un reclus, muré dans l'enceinte du chapitre, est le pénitencier de l'archevêque et absout des cas réservés.

La ville renferme six paroisses, deux abbayes d'hommes, les monastères des quatre ordres mendiants, sept maisons cloîtrées de femmes, sans compter les ursulines, et les maisons hospitalières du Saint-Esprit, des Antonins, de Sainte-Brigitte, de Saint-Jacques et de Saint-Jean de Jérusalem.

Le diocèse entier renferme cinq archidiaconés, divisés en quinze doyennés ruraux. Les archidiacres et doyens ruraux sont chargés d'en surveiller les paroisses, et rendent compte chaque année de leur état (1).

Lorsqu'il faut donner les saints ordres ou les églises paroissiales, on observe soigneusement (*sedulò observantur*) les règles établies par le saint concile de Trente touchant les concours, les examens, l'âge, la dotation ou titre clérical, les interstices et autres formalités prescrites.

On ne compte pas moins de vingt-trois officiers qui remplissent les différents emplois de juges, notaires, secrétaires, greffiers, défenseurs et avocats fiscaux près de la cour archiépiscopale et le tribunal de l'officialité diocésaine. Le parlement a commis de nombreuses usurpations sur

---

(1) Pour les fonctions et devoirs des doyens ruraux, voir les *Annales* de 1865, t. IV, page 26.

les droits qui leur appartenaient anciennement; il s'en est approprié plusieurs.

D'autres usurpations ont été commises sur un point du diocèse par les hérétiques de la secte luthérienne, mais ils sont tellement attachés à leurs erreurs, qu'un miracle seul pourrait les réduire; les armes mêmes n'y suffiraient pas (*armis vix reduci posse videntur*).

Un grave sujet de peine pour le prélat vient encore des luttes qu'il a été obligé de soutenir contre une partie de son chapitre, qui ne veut point se soumettre aux décisions de Rome, et persiste à faire schisme avec son pasteur légitime (1). Malgré son ardent désir de mettre un terme à cette lutte scandaleuse, il n'a pu encore y parvenir. Cela ne l'a point empêché de travailler au bien de son diocèse. Depuis qu'il occupe le siége métropolitain, il prépare l'établissement de son grand séminaire, et a institué des retraites de dix jours, auxquelles les prêtres disséminés dans le diocèse sont venus tour à tour assister. Mais, après avoir réglé, autant que possible, les affaires générales, et pris une connaissance suffisante de la ville métropolitaine, l'exposant a désiré voir de près ses brebis et connaître par lui-même tout son diocèse.

En conséquence, poursuit-il, pour que le bien d'une partie du diocèse n'empêchât pas le bien général, et afin de pourvoir à toutes choses avec plus de maturité et de certitude, nous avons tout disposé pour notre visite, et, par un édit général, promulgué selon la forme usitée dans le diocèse, nous avons annoncé qu'elle commencerait le douzième jour d'avril de l'an 1663. Et afin que cette visite se fît plus rapidement et plus exactement, ne pouvant tout faire par nous-mêmes, nous avons choisi, pour coopérer à cette œuvre, les hommes dont les noms suivent.

Les RR. MM. Poncet-Parreau et Jean-Baptiste d'Orival, docteurs en l'un et l'autre droit, chanoines de l'église métropolitaine, nos conseillers, procureurs généraux de notre cour archiépiscopale, commissaires députés pour la visite;

Les RR. PP. Samuel, de Salins, et Jules, de Besançon, capucins, de l'ordre de Saint-François;

Le R. P. Jacques Mayre, de la société de Jésus, comme prédicateurs dans les actes de visite.

Pour remplir les autres offices, nous avons choisi Alex.-André-François Leschelle, docteur en droit civil et canonique, notre conseiller,

---

(1) Une partie du chapitre avait élu le haut doyen Humbert de Préciplano, tandis que le pape avait donné des bulles à Pierre-Antoine de Grammont.

et premier avocat du fisc près notre cour ; maître Bonaventure Alviset, par autorité apostolique, notaire public, greffier de la visite, et maître rédacteur des actes ;

Maître Jacques Verny, notre secrétaire (1).

Au jour fixé, c'est-à-dire le 12 avril 1665, confiants dans le secours divin, ayant dès la veille envoyé nos prédicateurs comme précurseurs de cette visite, nous l'avons commencée de concert avec ceux que nous avions choisis pour cela ; nous nous sommes dirigés vers la ville de Baume, et y avons fait notre première station. Ce n'est pas sans consolation spirituelle que nous avons reconnu la piété de tout le peuple qui s'empressait à nous recevoir. De leur côté, les principaux de la ville n'ont rien omis de ce qui pouvait faire honneur à nous et à notre visite.

Nous sommes allés d'abord à l'église paroissiale, dans laquelle nous avons fait les actes pontificaux, selon le rit prescrit. Ensuite nous avons visité la très sainte eucharistie, les vases des saintes onctions, les fonts baptismaux et chacun des autels. Les actes de la visite constatent quels sont les patrons, les revenus et les charges des offices de chacun de ces autels. C'est à ces actes que nous renvoyons pour chacun des lieux que nous avons visités. Qu'il nous suffise de dire ici que nous avons procédé partout de la même sorte, pour ne point répéter d'une manière fastidieuse le récit des mêmes cérémonies. Que cela soit dit aussi pour les églises qui auront été visitées par les procureurs, à qui nous avons confié ce soin (2). Ils n'ont rien omis d'essentiel, et se sont rendu compte de tout, comme on peut s'en convaincre par les procès-verbaux qu'ils ont rédigés. S'il fallait les rapporter ici, la tâche serait par trop grande.

Baume n'a qu'une seule église paroissiale, dédiée à saint Martin. Dans les malheurs des guerres précédentes, cette église a été complètement détruite ; mais depuis quelques années les habitants l'ont rebâtie de nouveau, et d'une manière élégante. Ils l'ont dotée du mobilier et des ornements nécessaires. On n'y a relevé encore que deux autels, outre l'autel principal ; l'un, du côté de l'évangile, hors du chœur, en l'honneur de saint Claude, l'autre, aussi hors du chœur, du côté de l'épître, est dédié à la B. V. Marie et à sainte Agnès. Tous deux sont ornés et dotés.

(1) Outre ces huit personnes employées à la visite, la suite de l'archevêque se composait de cinq valets, cochers et conducteurs.

(2) Quand les procureurs généraux allaient visiter une église, on faisait les mêmes cérémonies que si l'archevêque eût été présent. La seule différence consistait dans la réception, qui avait lieu *sur la porte de l'église, sans procession*. La visite et les procès-verbaux étaient les mêmes. (Rit. Bis.)

L'église de Baume et ses autels ont été consacrés depuis peu par l'évêque d'Andreville. Elle a une familiarité de huit prêtres avec le curé. Tous vivent honnêtement et se comportent avec édification ; ils ont peu de revenus. Il y a aussi la confrérie des maîtres avocats ou hommes de loi, sous le titre de Saint-Yves. Ces membres ont orné à leurs frais le chœur de l'église de stalles élégamment sculptées.

Il y avait à Baume, avant les guerres, une autre église paroissiale sous l'invocation de saint Sulpice. Elle a été détruite dans ces temps malheureux, et comme on n'avait pas les ressources nécessaires pour la rebâtir, comme on l'a fait pour la précédente, le peuple de cette paroisse s'est uni au peuple de Saint-Martin pour la reconstruction de l'église actuelle, où tous reçoivent les sacrements avec beaucoup de zèle et d'ardeur.

Cependant, grâce à la piété d'un bon nombre d'habitants de la ville, on a érigé dans le lieu où s'élevait l'église de Saint-Sulpice, une chapelle dédiée à la sainte Croix. Dans cette chapelle est érigée par l'autorité compétente une confrérie du même titre, dont les membres donnent les meilleurs exemples et se livrent avec grande édification aux vertus chrétiennes, exerçant surtout les œuvres de miséricorde.

Près de la porte de la ville, sur la route de Besançon, se trouve une autre chapelle dédiée à la sainte Croix ; on la nomme Hospitalière, quoiqu'elle n'ait plus que les marques distinctives d'un hôpital. Ses revenus sont perdus depuis longtemps, et nous n'avons pu connaître quels ils étaient.

D'autre part ont été visitées par nos commissaires, toujours précédés de nos prédicateurs qui ont fait partout une instruction au peuple, les églises dont les noms suivent. L'église paroissiale de Roulans, sous l'invocation de saint Michel, de collation ecclésiastique, dans laquelle, outre le grand autel, s'en trouvent deux autres, l'un dans la nef du côté de l'épitre, l'autre plus bas, du côté de l'évangile ; ni l'un ni l'autre n'est consacré.

Viennent ensuite Saint-Hilaire, Servin, Saint-Jean d'Adam, Aïssey, Huanne, Romain, Verne, Autechaux, Voillans, Cour, Villers-le-Sec, Cuisance et son prieuré ruiné, Tournans, Mésandans et Montmartin, tous visités par les commissaires, et n'offrant aucune particularité intéressante. La station de Baume se termine ainsi :

Nous sommes restés cinq jours dans cette ville ; nous y avons administré les sacrements d'eucharistie et de confirmation à un grand nombre de fidèles, et nous y avons exercé les autres droits épiscopaux.

En outre, les recteurs, les familiers et les paroissiens des églises susnommées, ont comparu devant nous, et chaque jour nous avons mis tous nos soins à leur donner audience, pour veiller à la correction des mœurs, à l'édification des peuples et à leur instruction. Nous avons décrété les réparations qu'il fallait faire aux églises, aux chapelles et à leurs autels.

Nos ordres, expédiés par le greffier de la visite, ont été d'abord intimés par leur lecture préalable faite en notre présence, puis ils ont été remis à chaque curé pour être publiés au prône de leur messe paroissiale.

Enfin, il y a dans la ville de Baume un monastère ou abbaye de religieuses, appelées vulgairement Dames de Baume. Ces dames prétendent qu'elles-mêmes et leur monastère, étant soumis immédiatement au saint-siége, sont exempts de notre autorité soit ordinaire, soit déléguée, et par conséquent de notre visite. Mais comme leur exemption ne nous paraissait nullement justifiée par des preuves suffisantes, ne voulant point porter préjudice aux droits archiépiscopaux et à ceux de nos successeurs, et considérant d'ailleurs qu'il y a dans leur église beaucoup de chapelles de patronage laïque et autres fondations pieuses, nous avons résolu de les visiter, elles, leur monastère et leur église, de notre autorité soit ordinaire, soit déléguée, tout en réservant les droits qui pourraient leur appartenir.

Le 14 du même mois et de la même année, nous nous sommes donc rendu à leur église. Les dames ont obéi, et nous ont rendu tout honneur. Après être entré, nous y avons fait les offices pontificaux avec le même rite et les mêmes cérémonies que dans l'église paroissiale. Leur église est très ancienne ; elle a été fondée par saint Germain, archevêque de Besançon, dont les reliques sont conservées dans une châsse surmontant le maître-autel, du côté de l'évangile. Dans une châsse qui se trouve du côté de l'épître, sont les ossements de saint Guillaume. Outre d'autres reliques qu'elles conservent dans de précieux reliquaires, elles ont une épine de la couronne de Notre Seigneur. Le mobilier de l'église est considérable, les ornements sont de grand prix, et on n'y compte pas moins de douze autels.

Dans le monastère, il y a une abbesse avec huit religieuses et quatre novices, vivant sous la règle de saint Benoît. On n'y admet que des personnes de familles antiques et nobles, qui doivent prouver au moins quatre degrés de noblesse du côté paternel, et autant du côté maternel. Quoique ces religieuses ne soient point cloîtrées, nous n'avons trouvé chez elles, en les visitant, que la vertu unie à la noblesse.

Elles ont pour officiers ecclésiastiques un diacre, un sous-diacre et un hospitalier, pour officier laïque un gentilhomme gardien de la crosse abbatiale. Elles en ont d'autres qui exercent les droits de juridiction et de justice à l'extérieur: ce sont le chatelain, le procureur, le greffier et le receveur des revenus de l'abbaye.

Ayant donc autant qu'il était en nous réglé toutes choses pour l'édification et consolation des peuples, nous avons quitté Baume, et, dirigeant notre route vers la ville de Clerval sur le Doubs, nous y avons établi notre seconde station.

Clerval n'est qu'une église vicariale, à raison du prieuré de Chaux (*de Calce*), qui est l'église-mère, non encore relevée de ses ruines. Il y a dans cette église vicariale une confrérie du Saint-Sacrement, une de Saint-Crépin et une de pénitents. Le lendemain 18 avril, nous nous sommes rendus à l'église paroissiale et prieurale de Chaux. Là nous avons entendu messire le prieur, qui est commendataire, s'expliquer au sujet de la ruine de l'habitation des religieux, et de l'incurie qu'il met à les relever. Il s'est excusé en alléguant les ravages des dernières guerres (que la ruine d'une partie des églises du diocèse prouve trop bien avoir été véritables). Il nous a dit que, par suite de ces désastres, les biens du prieuré sont restés longtemps incultes, et par conséquent ne donnant aucun revenu, que lui-même avait dépensé beaucoup d'argent pour remettre une partie de ces fonds en valeur, que pour recouvrer certains autres droits du prieuré, il avait tous les jours à soutenir des procès dont il ne pouvait pas voir la fin.

C'est pourquoi, ayant examiné mûrement la chose avec nos assesseurs, ayant égard aux suites calamiteuses des temps passés, et ne voulant pas que les intentions des pieux fondateurs restent sans effet, nous avons mandé et ordonné audit sieur prieur, que dans le courant de cette année il entretînt à ses frais, dans ce prieuré, au moins un religieux pour y faire les offices divins, jusqu'à ce que nous ayons reconnu que les ressources de la maison permettent d'y entretenir un plus grand nombre de religieux. En attendant, nous avons ordonné que dans le délai de quinze jours à partir de la notification du présent mandement, il y mît à sa place un prêtre pour faire le service divin.

Comme les bâtiments du prieuré ne doivent pas demeurer plus longtemps dans ce déplorable état, quand même les calamités de l'époque n'ont point permis de les réparer plus tôt, et tenant compte des dépenses faites par le prieur pour la mise en culture des fonds du prieuré, nous avons décrété qu'il emploierait chaque année la somme de deux cent cinquante francs à relever les bâtiments, en commençant par ceux que doivent habiter les religieux, jusqu'à ce que le tout fût entièrement relevé, et de ces dépenses il sera tenu de rendre compte chaque année par-devant nous.

Après cette décision, les commissaires ont visité les églises environnantes, et l'archevêque, restant à Clerval pendant trois jours, s'occupe de rétablir la paix entre le curé ou vicaire perpétuel, et les familiers de la ville. Avec l'aide de Dieu il a pu apaiser ces difficultés, qui duraient depuis longtemps, et il s'est dirigé sur Sancey, d'où, après trois jours de résidence, il a gagné Saint-Hippolyte.

Les sept chanoines, le doyen et le vicaire perpétuel qui desservent la collégiale du lieu, vivent en paix et d'une manière édifiante. De Saint-Hippolyte il visite Mandeure, qui est le siége de sa principauté d'empire; il constate qu'il y a dans ce lieu environ vingt luthériens et le double de catholiques, et ajoute:

« Nous ne croyons pas devoir passer sous silence que, tandis qu'un certain nombre d'hérétiques des localités voisines (1), poussés par le curieux désir de voir les cérémonies de la visite, étaient accourus dans la susdite ville, deux jours après notre entrée, dix d'entre eux se convertirent. Après les avoir fait examiner par des hommes religieux et choisis par nous, nous les avons trouvés instruits des mystères de la foi. Ensuite de quoi, selon le rit solennel qui est prescrit, nous les avons admis, devant les portes de l'église, à faire abjuration de l'hérésie et profession publique de la foi catholique, à la grande consolation de la foule immense qui était présente. Aussitôt après, nous les avons introduits dans l'église, et les ayant munis des sacrements de pénitence, d'eucharistie et de confirmation, nous les avons confiés à des hommes de bien, qui les instruiront par la suite et les fortifieront dans la foi. De quoi ayant rendu grâces à Dieu, nous nous sommes éloigné de Saint-Hippolyte, après y avoir séjourné quatre jours. »

L'Isle-sur-le-Doubs est la cinquième station. On y reste trois jours. L'église, éloignée du bourg, est fort étroite et en ruine; faute de pouvoir l'habiter, on fait les offices dans la chapelle du château. Le prieur de Lantenans se prétend exempt et refuse la visite; il finit par la subir en protestant et réservant ses droits.

Le 2 mai, la cour archiépiscopale arrive à Villersexel; c'est la sixième station. Au lieu des quatre chanoines qui doivent former le chapitre de la collégiale, on n'en trouve plus qu'un. Le cimetière est hors du bourg, autour de la chapelle Saint-Nicolas. Il en est de même à Rougemont, où les habitants enterrent leurs morts dans le cimetière qui entoure leur église-mère, dédiée à la Sainte Trinité. A Granges-le-Bourg, l'église est polluée,

---

(1) De la terre de Montbéliard, où le protestantisme seul était toléré.

on fait les offices dans la chapelle Saint-Césaire, de Grange-la-Ville. L'église de Montjustin est attribuée à saint Justin (1) ; elle est le siège d'une florissante confrérie en l'honneur des âmes du purgatoire.

« Après avoir passé quatre jours à Villersexel, nous nous sommes dirigés vers Montbozon. L'église paroissiale en est distante d'un demi-mille (2). Elle est en ruine et inhabitable. Le maître-autel a été brisé par la chute de la voûte du chœur; il se trouve ainsi exécré. C'est pour cette raison qu'on ne conserve plus dans cette église l'auguste sacrement de l'eucharistie. Après y avoir fait les cérémonies d'usage, nous avons été forcé de nous rendre à l'église des pères dominicains de ce lieu, pour administrer les sacrements. On fait cependant les offices paroissiaux dans la nef de cette église en ruines. »

Comme résultat de la visite des paroisses voisines, l'archevêque constate avec douleur que dans tout ce rayon les églises sont d'une extrême pauvreté, et les habitants réduits à la misère. Il n'y a ni curés ni ornements à Larians, à Besnans et à Vy-lez-Filain. Il n'est pas possible pour le moment d'y remédier, et la misère générale rendrait inutiles tous les décrets qu'il aurait portés.

Le 10 mai, le prélat arrive à Rigney, où il consacre trois autels ; le soir même il va coucher à Beaupré, où l'on vénère la ceinture de la sainte Vierge (*Cingulum B. M. V.*), et après la visite des églises voisines, qui n'offrent rien d'intéressant que leur pauvreté, il rentre à Besançon pour présider le synode de mai et expédier les affaires urgentes du diocèse.

Sept jours suffisent à ces opérations, et le 21 mai, la visite recommence par Bouclans. Le 23 la cour est à Vercel, où elle trouve une familiarité de cinq prêtres vivant en bonne intelligence avec le curé. On réconcilie l'église Saint-Eloi, qui se trouve hors du bourg, on consacre quatre autels dans l'église paroissiale, et un jour est employé à la consécration de l'église de Landresse.

Le 28 on arrive à Guyans-Vennes, et le 31 à Malche, où l'archevêque ne resta pas moins de dix jours. Il consacra dans cet intervalle l'église de Charquemont et dix autels dans le voisinage. Sa sollicitude pastorale le pousse à se rendre en personne à Goumois, dont les habitants, forcés de quitter la foi catholique par le prince de Montbéliard, étaient récemment rentrés dans le sein de l'Eglise. Après les avoir soutenus et fortifiés dans leurs bonnes résolutions, il réconcilie l'église et le cimetière, qui avaient été profanés par l'hérésie.

(1) Aujourd'hui elle reconnaît saint Just, évêque, pour patron.
(2) Eglise de Thiénans.

Du 11 au 14 juin on visite le val de Morteau. En passant à Montbenoît, paroisse populeuse, où sont érigées canoniquement les confréries de Saint-Crépin, de Saint-Joseph, du Rosaire et de Saint-Nicolas, le prélat écoute les doléances des habitants de Gilley qui demandent à former une paroisse. L'archevêque accorde cette faveur, l'abbé de Montbenoît y consent, mais les religieux sont intraitables, et en appellent du décret archiépiscopal.

Le 16 juin, on arrive à Pontarlier, où l'on reste quinze jours. Pontarlier est une ville qui compte trois paroisses. De nombreuses corporations et confréries sont érigées dans ses différentes églises. Ce sont les confréries de Notre-Dame du Mont-Carmel, de Sainte-Anne, de Saint-Eloi pour les ouvriers sur métaux, de Saint-Michel pour les marchands, de Saint-Yves pour les avocats, Saint-Crépin pour les cordonniers, Saint-Joseph pour les ouvriers sur bois, Saint-Cosme pour les médecins, Saint-Honoré pour les boulangers et pâtissiers.

Pendant son séjour, l'archevêque a consacré l'église Saint-Bénigne de Pontarlier, celles de la Villedieu, des Grangettes, et vingt-trois autels dans différents lieux, et il a examiné les pasteurs des diverses paroisses.

A Doubs il a visité les reliques des saints Maurice, Claude, Maximin, et des saintes Mathilde, Marguerite et Aurélie ; aux Fourgs, les reliques de saint Urbain, et à Saint-Point la main du saint de ce nom, que l'on y conserve religieusement.

Le 2 juillet il est à Mouthe, le 6 à Uzier, le 8 il établit sa onzième station à Vuillafans, où il fait disparaître plusieurs autels pollués et ornés d'une manière ridicule. Dans l'église de Mouthier se trouve une familiarité avec cinq autels, et les cinq confréries du Rosaire, du Mont-Carmel, de Saint-Sébastien, de la Croix, de Saint-Claude. Les six religieux bénédictins qui occupent le prieuré ont subi la visite de bonne grâce, et on ne leur reproche rien.

« Alors, continue la relation, comme le temps de la moisson était venu, nous avons reconnu que les peuples, retenus par l'urgente nécessité de faire la récolte, ne pouvaient suivre la visite avec l'assiduité convenable ; nous avons résolu de surseoir à ses exercices. »

En attendant la fin de la moisson, le prélat ne reste point inactif. Après quinze jours passés à Besançon, il se remet en marche pour remplir différentes fonctions de son ministère.

Nous traduisons son journal de chaque jour, bien qu'il soit un peu monotone. Il nous donnera une idée de l'activité de Mgr de Grammont. Il est facile, du reste, de s'en rendre compte en suivant ses traces au moyen d'une carte de Franche-Comté.

«Pendant la suspension de notre visite, nous avons fait les consécrations suivantes, en différents lieux de notre diocèse :

Le 29 juillet, nous avons consacré la chapelle du château de Courcelle.
Le 30, deux autels à Borey.
Le 31, un autel à Longevelle.
Le 1ᵉʳ août, un autel au Saulcy.
Le 2 août, le grand autel de Saint-Germain.
Le 3, le grand autel de Melisey.
Le 4, nous avons béni et réconcilié l'église et le cimetière de Lure.
Le 5, nous avons consacré le grand autel de Fresse.
Le 6, un autel et une chapelle du même lieu.
Le 7, l'autel de la chapelle de Saint-Germain.
Le 8, le grand autel de Saint-Barthélemy de Melisey.
Le 9, l'église et les autels des RR. PP. capucins de Faucogney.
Le 10, un autel à Breuche.
Le 11, un autel à Châtenois.
Le 12, l'autel de Notre-Dame de Soleborde (1).
Le 13, quatre autels à Mailley. »

On rentre à Besançon pour la fête de l'Assomption.

« Reprenant ensuite notre visite le 24 août de la même année, nous avons commencé une troisième tournée, et fixé notre première station dans la ville d'Ornans. » L'église, dédiée à saint Laurent, est desservie par une familiarité composée du curé et de huit prêtres. Il fallut écouter leurs plaintes, et on eut peine à terminer leur querelle.

Dans le monastère des ursulines on ne trouve que deux religieuses avec la supérieure.

Le 29 août, arrivée à Levier, où, par exception, tous les autels sont bien dotés. On visite en passant les deux églises d'Arc-sous-Montenot, l'une paroissiale dédiée à saint Laurent, l'autre prieurale dédiée à saint Louis. La réception solennelle à Nozeroy suit immédiatement.

Le chapitre de la collégiale ne compte que quatre chanoines, au lieu de six qui devraient y être avec le doyen.

En revanche, on y trouve deux des plus florissants monastères du diocèse. Les sœurs annonciades, qui ont fondé une maison dans ce bourg vers l'an 1620, y sont au nombre d'environ cinquante. Vingt-cinq religieuses vivent aussi sous la clôture dans le monastère des ursulines, et y pratiquent toutes sortes de vertus.

---

(1) Lieu de pèlerinage récemment fondé dans la vallée d'Echenoz-la-Meline.

A Miéges, on vénère les reliques de saint Germain, conservées dans un bras d'argent.

Après six jours passés à Nozeroy, le prélat s'achemine vers les hautes montagnes qui forment les limites de son diocèse. Le 7 septembre il est à Foncine, et le 10 il séjourne à Morbier, après un arrêt au Grandvaux (1).

Sur l'instance des PP. capucins de Saint-Claude, qui en avaient obtenu permission de leur ordinaire l'archevêque de Lyon, il va consacrer leur église et deux autels.

Le 17 septembre il fait à Champagnole une station de deux jours, et comme les vendanges commencent, que d'ailleurs l'approche de l'hiver et les travaux de la campagne rendraient la visite trop pénible, il en remet la continuation à l'année suivante.

II.

SECONDE ANNÉE DE LA VISITE.

« Le 27 avril de l'année 1666, nous avons continué notre visite de la même manière que nous l'avions commencée l'année précédente, avec cette seule différence, toutefois, que le R. chanoine Bouveret a remplacé M. d'Orival en qualité de commissaire; le P. Samuel, des Frères mineurs capucins, a remplacé le P. Jacques Mayre, de la société de Jésus, comme prédicateur, tandis que le P. Désiré, de Dole, capucin, a pris la place du P. Samuel. »

La première station se fait à Quingey, avec les cérémonies ordinaires. Les prieurés voisins sont en triste état. Celui de Lieu-Dieu est presque détruit. Le prieur reçoit l'ordre de le relever. Celui de Saint-Renobert n'est pas plus florissant, et comme la bonne volonté du prieur est douteuse, l'archevêque ordonne aux receveurs des deniers appartenant à cette maison, de ne rien payer au prieur, à peine pour eux d'être obligés de payer de nouveau et à leurs frais; il veut que tout le revenu soit employé à mettre les bâtiments en état, et ils devront y être dans l'espace de deux ans. Le prieuré de Courtefontaine n'est pas moins délabré que les deux précédents; le prieur reçoit aussi des ordres analogues. Les pasteurs et les fidèles ont été sévèrement inspectés et interrogés, et on a réglé leurs différends.

« Le 1ᵉʳ mai nous sommes arrivés à Salins, où nous avons d'abord

---

(1) La ville de Morez n'existait pas encore.

apaisé une difficulté qui s'était élevée entre les chanoines de Saint-Anatoile et de Saint-Maurice, pour la préséance de la visite, et décidé que Saint-Anatoile serait visité le premier. Le chapitre se compose d'un prévôt, douze chanoines, douze familiers, un sous-chantre, quatre enfants de chœur, chantant tous ensemble l'office quotidien. La réunion capitulaire a lieu le vendredi; le chapitre a un secrétaire, et nous avons trouvé son livre de délibérations en ordre. On conserve à l'église dans une châsse précieuse les reliques de saint Anatoile, et son tombeau, pour lequel les populations du voisinage ont la plus profonde vénération. Il y a dans cette église un grand nombre de chapelles et de confréries, etc. Nous avons visité ensuite le chapitre de Saint-Michel, qui a huit chanoines, doyen et séchal, s'assemblant capitulairement une fois par mois.

» Le chapitre de Saint-Maurice étant exempt, nous l'avons visité comme délégué, et la paroisse comme ordinaire. Ce chapitre se compose de douze chanoines, dont un prévôt, un trésorier, un chantre, tous à la nomination du roi d'Espagne. Eu égard à leur exemption, nous avons visité le doyen et les chanoines susdits dans la salle capitulaire, nous étant fait accompagner de notre avocat fiscal et du secrétaire de la visite.

» Le 12 mai, nous avons visité l'hôpital Saint-Bernard de Salins, dans lequel se trouve une chambre où un prêtre célèbre la messe sur un autel décemment orné. Il y a dans cet hôpital quelques pauvres qui sont nourris aux frais dudit prieuré de Saint-Bernard. Le tiers des revenus est au prieur; le tiers sert aux réparations des bâtiments, et l'autre tiers sert à la nourriture des pauvres.

» Il y a aussi dans cette ville un séminaire fondé pour l'éducation de six orphelins, enfants d'habitants du lieu, destinés à servir l'Eglise. Ils doivent demeurer dans cette maison et y être instruits pendant sept ans. Chaque jour ils doivent, après le sacrifice de la messe, réciter avec le prêtre qui les dirige, les psaumes *Miserere* et *De profundis* pour l'âme du fondateur. C'est aux vénérables recteurs des cinq églises de la ville qu'il appartient, conjointement avec les héritiers du fondateur, de choisir ces six orphelins. Ce séminaire est sous la protection de l'archevêque de Besançon, ainsi que l'illustre et éminent cardinal Claude de la Baume l'a déclaré, en 1580, pour lui et pour ses successeurs. Nous n'avons trouvé que deux élèves dans ce séminaire, et en ayant demandé la raison, nous avons appris du recteur et des curés que la diminution des revenus amenée par les guerres en était le motif.

» Dans l'hôpital du Saint-Sépulcre, qui a de bons revenus, nous avons trouvé peu ou point (*paucos aut nullos*) de pauvres.

» Dans l'hôpital de Bracon, ayant remarqué plusieurs meubles en mauvais état et hors de service, nous avons donné l'ordre de les renouveler. »

Les mineurs, les capucins et les carmes n'ont pas été visités, non plus que les oratoriens et les jésuites, parce qu'ils sont exempts.

La clôture des religieuses tertiaires de Saint-François et des clarisses s'est trouvée parfaitement en ordre, aussi bien que les trois autres maisons religieuses de femmes. Chez les carmélites il y a vingt religieuses et quelques novices. Chez les ursulines il y en a cinquante-sept, et chez les visitandines quarante-trois, y compris les novices.

Les commissaires sont allés visiter la clôture de l'abbaye des dames de Migette, à deux lieues de Salins. Cette clôture n'est pas strictement observée, mais l'archevêque n'a point pu donner d'ordre à ce sujet, parce que ce monastère est exempt de sa juridiction.

Les mêmes commissaires ont aussi visité Notre-Dame de Goaille, abbaye d'augustins voisine de la ville. Ils y ont trouvé cinq religieux prêtres, profès, et un prieur. Ils ont inspecté le réfectoire dans lequel les religieux ne mangent plus en commun. Il y a sept chambres disposées pour leur logement. L'irrégularité du terrain empêche que le monastère soit enclos de murailles. Les religieux chantent tous les jours la messe conventuelle et l'office. Il ne leur est pas permis de tester, mais ils peuvent faire des donations. Le prieur, interrogé sur la vie et les mœurs de ses religieux, a répondu qu'ils vivaient d'une manière pieuse et conforme à la règle. Ainsi a été faite la visite, nonobstant les protestations du prieur et des religieux, qui se disaient exempts.

« Pour faire toutes ces visites et apaiser les innombrables difficultés pendantes entre laïques et ecclésiastiques, nous avons été forcé de rester vingt-six jours à Salins, et tout étant réglé selon qu'il était possible, et nos ordonnances solennellement édictées, nous avons gagné la ville d'Arbois, où nous sommes entré le 27 mai. Dans la visite du chapitre de Saint-Just et de ses suppôts, nous n'avons rien trouvé qui ne soit le propre de bons et dignes chanoines. »

Après sept jours, on stationne à Vaudrey, puis à Colonne. On ne trouve plus dans ce bourg que l'église de Saint-Jean-Baptiste, autrefois tenue par des religieuses du diocèse d'Autun. Il ne reste à l'église paroissiale que deux familiers avec le curé. L'hôpital Saint-Louis a son autel pollué, ses bâtiments détruits, et le commissaire visiteur n'a pu en connaître les revenus, qui se sont perdus par suite des guerres.

« Tandis que nous nous disposions à continuer notre route, nous avons reçu l'invitation de nous rendre aux états provinciaux convoqués à Dole, et pour obéir à Sa Majesté Catholique, nous nous y sommes rendus, obligés ainsi de surseoir à notre visite.

» Après la tenue des états, nous avons voulu visiter la partie de notre diocèse située en France, et qui de temps immémorial appartient à notre juridiction. Les habitants de cette contrée, ayant reçu du roi très chrétien l'ordre de nous faire honneur, nous reçurent avec toute sorte de politesse.

» Le 30 juillet (1666) nous sommes arrivés à Pontaillier-sur-Saône. En visitant l'église du prieuré (dans l'île de la Saône (1)), nous avons indiqué des réparations qu'il était nécessaire d'exécuter promptement; nous avons ordonné au prieur de les faire, lui enjoignant d'entretenir deux religieux. La chapelle de l'hôpital Saint-Éloi a perdu tous ses revenus. Après deux jours de station, nous nous sommes dirigés sur Auxonne. Il y a dans l'église paroissiale de Notre-Dame dix-huit familiers avec le curé. On y compte sept confréries.

» La direction de l'hôpital, où repose le très saint Sacrement, appartient au magistrat. On reçoit dans cette maison, même les étrangers. Nous y avons trouvé trente-six pauvres.

» Dans cette même ville d'Auxonne, il y a un monastère de religieuses ursulines qui vivent dans la plus stricte observance et clôture. Elles sont au nombre de vingt-quatre, avec trois novices. — De ce nombre sont dix professes, qui vivent dans l'intérieur du monastère, mais hors de la clôture et séparées des autres religieuses. On nous a rapporté que, depuis dix années environ, ces dix religieuses étaient tourmentées (*vexatas*) par le démon, et à ce sujet on nous a présenté la relation authentique faite par l'illustrissime évêque de Châlons, qui avait été envoyé quelques années auparavant dans la même ville par le roi très chrétien, au bruit qui circulait de cette possession, pour connaître la vérité. Il était accompagné d'hommes habiles, théologiens et médecins, et la relation attestant que la possession démoniaque de ces religieuses est démontrée par des marques diverses et surnaturelles qu'ils spécifient, est signée de leur main.

» A l'instance du magistrat, nous avons employé l'exorcisme vis-à-vis seulement deux d'entre elles, et nous n'avons rien remarqué qui indiquât chez elles l'obsession ou la possession. Comme il ne nous était pas possible de rester plus longtemps à Auxonne, parce que d'autres peuples attendaient notre visite avec une joie impatiente, après avoir fait un exorcisme à chacune de ces deux religieuses, nous sommes parti, lais-

---

(1) Une partie de Pontaillier (*Ponseissus*) appartenait au diocèse de Langres.

sant le soin de le continuer, s'il en était besoin, à des prêtres irréprochables et expérimentés.

» Dans les autres monastères de la ville, nous n'avons pas trouvé seulement une exacte observance de la règle, mais des preuves de haute vertu. Après sept jours de station, nous sommes arrivés à Seurre le 9 août.

» Seurre ou Bellegarde a un couvent de capucins, qui est exempt, et une maison d'ursulines, qui compte quarante-six religieuses. L'église paroissiale renferme une foule de chapelles, et on n'y compte pas moins de quinze confréries, entre autres celles de Sainte-Barbe, Saint-Simon et Saint-Jude, Saint-Honoré, Saint-Crépin, Saint-Joseph, Sainte-Anne et Sainte-Madeleine. »

Le 12, on visite Pierre et Bellevaivre. Le 13, on arrive à Louhans, dont l'église est desservie par un curé assisté de huit familiers.

« A Louhans, nous avons consacré l'église paroissiale, et, pour la gloire de Dieu tout-puissant, nous ne devons pas taire que des deux seuls hérétiques qui étaient dans la ville, l'un, frappé des cérémonies qu'il avait vues à la consécration, se convertit à la foi catholique, et qu'après l'avoir fait examiner soigneusement, nous l'avons réconcilié avec l'Eglise.

» De là, nous sommes rentré dans le comté de Bourgogne, bien qu'il nous restât encore à visiter, dans les pays qui relèvent du roi de France, la ville de Chaussin et ses environs. »

Par cette visite des paroisses françaises, l'archevêque fait remarquer au souverain pontife qu'il mettait fin à un grave différend. Depuis plus d'un siècle, et pour raisons politiques, le gouvernement français avait défendu à ses sujets de recourir à l'officialité de Besançon. Il n'avait laissé à l'archevêque que le droit d'établir un ecclésiastique, Français d'origine, pour le représenter lui-même en qualité d'official et régler les affaires judiciaires concernant les bénéfices, conjointement avec un autre ecclésiastique faisant fonctions de procureur fiscal et un laïque pour secrétaire. Les droits de l'archevêque se trouvaient ainsi singulièrement lésés. Sur les instances de M\gr de Grammont, le roi très chrétien a brisé ces entraves et levé ces prohibitions, défendant à tous de contrarier l'archevêque dans ses visites et de mettre des entraves à sa juridiction spirituelle. De la sorte, la disposition des bénéfices dans ces contrées revient au patron légitime. Désormais l'official pour la partie française ne sera plus chargé que des affaires judiciaires et contentieuses.

Le 18 septembre, station de trois jours à Beaufort, et le 22, arrivée à Orgelet, dont l'église est dédiée à l'Assomption. On y consacre huit autels. On y compte neuf familiers avec le curé, et huit confréries, entre autres celles de Sainte-Barbe, Saint-Crépin et Saint-Séverin.

La seule remarque à faire sur les églises des environs, est qu'elles sont extrêmement pauvres.

Le 27 septembre, arrivée à Chambéria et à Arinthod, dont l'église paroissiale compte onze autels. Elle est desservie par le curé et cinq familiers. Le 30, on arrive à Moirans, où l'église-mère et paroissiale est à un mille du bourg. A cause de cet éloignement, on a construit dans le bourg même une église filiale, dans laquelle on a transporté les fonts baptismaux et l'eucharistie.

La visite des environs constate que dans l'église prieurale de Saint-Romain, au territoire de Saint-Lupicin, on conserve le chef de saint Romain, abbé.

« L'hospice de Moirans, qui recevait autrefois les pauvres étrangers, est maintenant si dépouillé, qu'il est impossible d'y recevoir les malheureux. Les magistrats distribuent aux pauvres le peu de revenus qu'ils parviennent à réaliser. » La chartreuse de Vaucluse renferme dix religieux. Celle de Bonlieu en renferme huit. On la visite depuis la station de Clairvaux-lez-Vaux-d'Ain. L'église de Clairvaux est desservie par un curé et cinq familiers. Le 8, arrivée à Monnet, et reconnaissance à Châtillon des reliques de saint Valère, qui sont en grande vénération parmi le peuple.

« Il ne nous fut pas possible de pousser plus loin notre visite pour cette année (le souvenir nous en attriste encore, et il nous en coûte de le rappeler); à peine étions-nous rentrés dans la ville d'Orgelet (11 octobre), dont nous avons parlé plus haut, qu'une fièvre inconnue s'empara de quelques-uns des gens de notre suite. Sa malignité faisait chaque jour quelque victime nouvelle, et dans tous les lieux où nous venions de faire notre visite, nous les laissions accablés par la gravité du mal. Seul nous en avons été exempt avec trois des nôtres. Ne pouvant plus rien entreprendre dans un pareil état et affligé autant que forcé par cette épreuve douloureuse, nous avons regagné notre résidence archiépiscopale. L'approche des vendanges nous obligeait, du reste, à suspendre le cours de notre visite. Espérant que le Ciel nous serait plus favorable, nous l'avons remise à l'année suivante. Mais trois de nos principaux compagnons, dévorés par la fièvre, ont succombé dans cette occurrence; ce sont : le R. Poncet Parreau, chanoine de l'église métropolitaine, l'un de nos procureurs généraux, commissaire de la visite; le R. P. Samuel, de Salins, capucin, prédicateur dans les actes de visite; maître Bonaventure Alviset, secrétaire de la visite et rédacteur de ses actes.

III.

TROISIÈME ANNÉE DE LA VISITE.

« Au mois d'avril 1667, nous avons continué notre visite en société de ceux de notre suite qui avaient survécu. A la place des défunts nous avons choisi le R. Bon Monnier, chanoine de l'église métropolitaine, pour remplacer le R. Poncet Parreau; le P. Jules, de Besançon, avec le P. Henri, de Clerval, capucins, pour prédicateurs, et maître Etienne Billerey le jeune, pour secrétaire rédacteur des actes. »

La première station a lieu le 12 avril 1667, à Liesle, où l'on séjourne quatre jours, et le 16 on arrive à Poligny. « Le chapitre de Saint-Hippolyte compte quatorze prébendes, qui sont occupées par treize chanoines et un doyen. Cinq familiers, sept prêtres habitués, quatre enfants de chœur dont un chanoine est le maître, et trois bedeaux (*tres bidales seu massarios*), sont en outre attachés au service de l'église. L'église paroissiale ancienne était située hors de la ville, il n'en restait que le chœur; mais depuis la ruine de Poligny par les guerres, elle a été transférée et rebâtie convenablement dans l'intérieur de la place. Nous y avons vu une épine de la sainte couronne dans un reliquaire précieux, un crucifix d'argent avec la sainte Vierge et saint Jean et des reliques de saint Vétérin. Dans une autre croix d'argent doré, ornée de pierres précieuses, on conserve une parcelle de la vraie croix; il y a aussi une statue de la Vierge Marie en argent, de trois pieds de haut, avec piédestal doré, et un autre reliquaire d'argent avec des reliques de saint Antoine et de saint Sébastien. Les chanoines ont des ornements et des vases sacrés magnifiques, et nul ne les surpasse dans le diocèse en assiduité et bon exemple.

» Le lendemain, nous avons visité la vieille église paroissiale, située au faubourg de la ville. Il n'en reste debout que le chœur. On y va en procession à toutes les grandes fêtes.

» Nous n'avons trouvé rien que de convenable et d'édifiant dans la visite des ursulines et des religieuses clarisses de cette ville.

» Sur une colline, près de Saint-Lothain, on trouve quinze petits oratoires où sont des tableaux représentant les quinze mystères du Rosaire. Au sommet de la colline, s'élève une chapelle en l'honneur de l'Ascension du Sauveur. Elle est munie de tous ses accessoires, et l'autel n'en est pas encore consacré. Sur un autre point de cette élévation est une autre chapelle en l'honneur de Jésus-Christ crucifié, ayant tous ses ornements et accessoires. Leurs revenus sont unis à la chapelle de Notre-Dame de Consolation d'Aumont. »

Après sept jours passés à Poligny, on arrive à Château-Chalon, où se trouve une familiarité de quatre prêtres chapelains, une confrérie de la Croix et une antique abbaye de femmes. « Les religieuses de Château-Chalon nous ont présenté un bref qui les autorisait à être visitées pour une fois par le grand prieur de Saint-Claude. Comme il les avait visitées quelques jours auparavant, nous avons jugé à propos, par respect pour le saint-siége, de surseoir à la visite pour cette fois, sans abandonner nos droits pour l'avenir, et nous avons commandé à notre procureur général d'obliger les religieuses à montrer les bulles qu'elles invoquaient. »

Après trois jours employés à régler différents intérêts, le prélat se dirige vers Conliége, où il arrive le 26 avril. « A cause de l'éloignement de l'église-mère, Saint-Etienne de Coldre, nous avons fait les offices à l'église paroissiale, qui est desservie par six prêtres familiers. Les habitants de Conliége viennent de bâtir une élégante chapelle en l'honneur de Notre-Dame de Lorette, en attachant quatre familiers à son service. Nous l'avons consacrée le 29 avril. »

De là on va visiter la vénérable église-mère Saint-Etienne de Coldre et la paroisse de Lons-le-Saunier. On conserve les reliques de saint Désiré dans l'église paroissiale qui porte son nom. Là les prêtres de la familiarité ont des prétentions qu'on ne trouve nulle part ailleurs couronnées d'autant de succès; ils prétendent avoir tous un droit égal au gouvernement de la paroisse, et s'appellent *concurés* (*concurati*). Il y a dans l'église Saint-Désiré quatre confréries, entre autres celles de Saint-Crépin et des quatre Couronnés. Il y a dans la ville une chapelle-hôpital sous le vocable de la Sainte-Trinité; on distribue aux pauvres le tiers de ses revenus. Dans le faubourg se trouve un autre hôpital ruiné, on distribue aux pauvres ce qui reste de ses biens. Tous les monastères de Lons-le-Saunier, étant exempts, n'ont point été soumis à la visite; on a seulement constaté le bon état de leur clôture, et, après avoir donné ses ordres, le prélat est rentré le soir du même jour à Conliége.

A Montaigu, familiarité composée de deux prêtres avec le curé. « A Revigny, il y avait grande querelle entre les paroissiens et le patron de l'église. Nous avons apaisé cette querelle en érigeant l'église du lieu en paroisse, vu la distance des lieux. » (Revigny dépendait de Saint-Maur.)

Il ne fallut pas moins de sept jours pour visiter les dix-sept églises ou paroisses entourant Conliége et régler les différends. De là, on gagne Arlay, où les cérémonies se font dans l'église du bourg inférieur, parce que l'église paroissiale, qui est au bourg supérieur, se trouve inabordable et ruinée. A Ruffey, Toulouse et Arlay, il n'y a qu'un seul familier avec le curé ; à Bletterans la nef de l'église est renversée, le chœur seul reste debout. Cinq jours suffisent à visiter les vingt paroisses qui entourent Arlay. On y rencontre des ruines plus qu'en tout autre endroit, et le prélat déclare qu'il a mis tous ses soins à stimuler les peuples et à donner des ordres pour qu'ils fassent les réparations nécessaires, selon leurs forces.

Le 9 mai, on arrive à Chaussin, place appartenant au roi de France. Avec le curé on y trouve deux familiers, dont l'un remplit les fonctions de chantre à l'église. Il y a une confrérie de Saint-Crépin. Deux chapelles attenantes à la nef sont détruites ; on n'en peut connaître ni les saints titulaires ni les collateurs.

Le 11, le prélat est à Longwy, où, trouvant des autels indécents et sans dot, il ordonne de les détruire. « En ce lieu, nous avons administré aux peuples pendant trois jours les sacrements de confirmation et d'eucharistie, mais nous avons pu à peine entendre les pasteurs et les fidèles, parce que le troisième jour de notre station (13 mai), tandis que nous pensions à continuer notre course, le bruit se répandit que la guerre était imminente entre le très puissant roi d'Espagne et le très chrétien roi de France (dont les troupes se dirigeaient vers la Flandre). Ce bruit jeta le peuple dans une telle frayeur, que de toute part, soit de France, soit du comté de Bourgogne, tout le monde s'enfuit. Ce fut au point que le propriétaire de la maison dont nous étions les hôtes, ne tenant compte d'aucune autre considération, se sauva aussi après avoir enlevé ses meubles (*distractis mobilibus*) et nous laissa ainsi presque seuls dans le village et dénués de tout secours. De la sorte nous nous trouvâmes, nous et les nôtres, pressés par la dernière nécessité de regagner notre demeure archiépiscopale de Besançon. »

Ce curieux épisode de la visite pastorale nous donne la mesure de la terreur qu'inspirait la crainte de la guerre. Pour comprendre quelque chose à cette terreur panique, qui nous semble aujourd'hui si folle, il faut se rappeler que les gens de guerre d'alors, à l'uniforme près, ressemblaient beaucoup aux troupes de routiers, de malandrins et d'écorcheurs qui avaient ravagé le Comté dans le XIVe, le XVe et même le XVIe siècle. Si on se sauvait aussi bien en France qu'en Bourgogne, c'est qu'on n'ignorait pas des deux côtés de la Saône qu'en cas de guerre, la frontière souffrait toujours une fois de plus que le reste du pays, et le souvenir des affreuses représailles que les différents partis avaient exercées vingt-cinq ou trente années auparavant suffisait à glacer tous les cœurs (1).

Nous aimons à croire que l'hôte qui déménagea si brusquement la maison dans laquelle logeait l'archevêque, n'était pas le curé de la paroisse de Longwy, car dans ses visites pastorales, le prélat ne descendait pas toujours chez le curé. Il logeait avec ou sans sa suite dans quelque maison honnête, ou dans une famille honorable, heureuse et fière de le recevoir. Le curé ou son église payaient seulement un droit de visite qui variait selon l'importance de la paroisse, et ce droit n'était établi que pour subvenir aux dépenses du prélat et de sa suite. On trouve dans les titres de l'archevêché que certains curés refusaient de payer ces droits, mais on y voit aussi que l'official leur faisait un procès en règle, et qu'ils finissaient toujours par être obligés à verser la somme fixée par la chancellerie (2).

Ce n'était point l'année 1667 qui devait voir la Franche-Comté envahie par les Français, et la terreur panique du 13 mai fut bien vite calmée, car le rapport du prélat continue ainsi : « Peu de jours après, les esprits furent rassurés au sujet de la campagne du roi très chrétien en Flandre, et chacun étant rentré dans sa maison, nous avons pu espérer reprendre le cours de nos visites ; mais à cause du mouvement excité par ces rumeurs et aussi à cause de l'approche des moissons, nous avons cru devoir en retarder la continuation jusqu'à la fin des travaux. »

Dans cet intervalle, le prélat fait une course au nord du diocèse, dans le bailliage d'Amont, le 12 juillet, et consacre trois autels à Dampierre ; le 24, deux autels à Corneux, et le 26, deux autels à Bucey-lez-Gy.

« A la fin des moissons, nous avons résolu de faire une nouvelle série de visites dans la partie alsacienne, qui est la plus éloignée de notre métropole, puisqu'elle est à quatorze lieues, qui font quarante-deux milles d'Italie.

» Le 25 août 1667, notre première station a eu lieu dans la ville de Lure, appartenant à l'empire, et du domaine de l'abbé qui gouverne le monastère du même nom. La collation de l'église paroissiale appartient

---

(1) On peut en voir les détails dans l'*Histoire de dix ans*, par GIRARDOT DE NOZEROY, et le *Siège de Dole*, par BOYVIN.
(2) Un curé de Seurre soutint deux procès de ce genre contre Quentin Ménard, 1450. (Arch. du Doubs.)

à l'abbé pendant quatre mois de l'année, pendant les huit autres elle est au souverain pontife. L'abbaye est presque complétement détruite. Près d'elle se trouve la chapelle de saint Desle, où les reliques du saint sont déposées et entourées d'une grande vénération par les peuples. L'abbé est le très illustre comte de Furstemberg, qui ne fait guère que tirer d'amples revenus de cette maison, par un religieux chargé de cet emploi. A cause de l'exemption de l'abbaye, nous n'avons pu donner aucun ordre. Nous croyons cependant devoir en avertir Votre Sainteté, afin que, de son autorité apostolique, elle ordonne ce qui est nécessaire à l'éclat du culte divin et au bien de l'Église. »

Dans les paroisses environnantes, on remarque quelques particularités qui indiquent les dévotions du pays et la vaste étendue des circonscriptions paroissiales. A Vy-lez-Lure et à Pomoy, il y a des confréries de l'Immaculée Conception ; à Bouhans et à Franchevelle, on ne conserve pas l'eucharistie, qui ne se trouve que dans l'église-mère de Quers, dont ces deux villages dépendent avec Citers.

Le 28 août, séjour à Plancher-Bas, dont l'église est pendant quatre mois à la collation de l'abbé de Lure, et pendant huit mois au pape. A Plancher-la-Mine s'élève une chapelle dépendante, sous l'invocation de saint Nicolas et de sainte Barbe. A Champagney, il y a aussi une chapelle de sainte Barbe (1).

« Le 20 août, nous avons visité l'église prieurale de Saint-Antoine, dans le lieu dit de Froide-Montagne, distant d'environ un mille et demi du village. Le prieur est l'illustrissime prince abbé de Lure. Dans cette église, il y a deux autres autels, le premier sous l'invocation de saint Jean-Baptiste, le second en l'honneur de saint Denis. On y conserve dans une châsse, comme relique, la mâchoire inférieure de saint Antoine.

» Le 30 août, nous avons gagné la ville de Belfort, qui appartient au roi de France, et nous y avons fait notre troisième station. Là, l'illustre duc de Mazarin, gouverneur d'Alsace et seigneur de la ville, envoya ses cohortes bien loin au devant de nous, puisqu'elles vinrent à deux lieues, ou six milles ; il vint ensuite lui-même à notre rencontre et nous reçut avec une extrême politesse et tous les honneurs dignes d'un prince très pieux et très religieux.

» Une collégiale ou chapitre de douze chanoines et de treize chapelains est fondée dans l'église de Saint-Christophe. Mais comme la plu-

---

(1) Ces deux chapelles avaient été bâties par les mineurs, dont sainte Barbe est la patronne.

part des revenus sont perdus par suite des guerres, nous n'y avons trouvé que trois chanoines avec le prévôt, et aucun chapelain.

» L'église est entourée d'un cloître sous lequel se trouvent des autels dédiés à l'Annonciation, à sainte Barbe, et à N.-D. de la Joie. La chapelle du château est dédiée à saint Georges. Près de la porte basse de la ville est un hôpital constitué pour recevoir les femmes âgées et malheureuses. Nous n'y en avons trouvé que trois, et on ne peut en recevoir et nourrir davantage, à cause de l'exiguïté des revenus, qui ont été perdus par les guerres. La direction de cet hôpital appartient aux prévôt et chanoines de la collégiale.

» La paroisse de Giromagny est desservie par les religieux franciscains de la stricte observance. — La pénurie de prêtres et la fonction de missionnaires que ces religieux remplissaient auprès des mineurs, expliquent l'exception faite en leur faveur.

» Nous avons quitté Belfort après y avoir passé cinq jours. Quoique l'illustre duc de Mazarin eût été forcé de s'éloigner avant ce terme, il ne nous rendit pas moins d'honneurs à notre départ qu'à notre arrivée, puisqu'en quittant la ville il y laissa six de ses cavaliers, avec ordre de nous accompagner dans toutes les parties de l'Alsace qui sont soumises à la domination française.

» Le nombre des églises visitées aux environs de Belfort s'élève à dix-neuf.

» Le 4 septembre, nous sommes arrivés dans la ville de Delle, dont l'église est sous l'invocation de saint Léger, à la collation du duc gouverneur d'Alsace. Il y a dans cette église une familiarité composée d'un seul prêtre, avec le curé ; on n'y compte pas moins de douze autels. »

Après avoir employé trois jours à visiter les quinze paroisses ou églises environnantes, on quitte la partie française du diocèse pour entrer dans la partie suisse ou de l'évêché de Bâle ; mais avant d'y entrer le prélat fait une remarque importante et dit :

« Nous ne croyons cependant pas pouvoir passer sous silence que si l'illustre duc de Mazarin nous a rendu tant d'honneurs et donné des preuves de sa piété et de son zèle pour l'honneur et la gloire de Dieu, il n'en a pas été de même du préfet que le roi très chrétien a mis à la tête de la province, outre le gouverneur, et qui s'appelle l'intendant. Car cet homme, méprisant les ordres du roi, qui lui avait commandé de nous prêter secours en toute manière dans notre visite, non-seulement auparavant a empêché dans ces régions, par ses paroles, ses actes et ses édits, que qui que ce fût en cette partie de notre diocèse comparût devant notre

3

tribunal pour les causes civiles ou fiscales, non-seulement il a entravé de toute manière notre juridiction, mais à peine étions-nous sortis de ce pays, qu'il a défendu d'exécuter nos ordres. En sorte qu'on n'a pas même pu corriger quelques mauvais prêtres, dont deux, avec l'assistance et par l'ordre de Son Excellence le duc de Mazarin, avaient été mis en prison. Comme le duc était parti pour des provinces éloignées, son secours nous faisait défaut pour mener la chose à bonne fin. Nous avons adressé nos plaintes à ce sujet au roi très chrétien, et Sa Majesté n'a encore rien décidé, et c'est à peine si on peut espérer le redressement de toutes ces vexations autrement que par l'intervention de Votre Sainteté auprès du roi de France.

» Etant parti de Dello le 7 du mois de septembre, nous avons dirigé notre route vers Porentruy, et là nous n'avons pas été moins bien reçu qu'à Belfort, par l'illustrissime évêque de Bâle, qui vint au devant de nous à deux milles environ de la ville, accompagné de tous les nobles officiers de sa cour et autres principaux de la cité, qui est de son domaine temporel. Il nous a conduit avec ce cortége jusqu'à l'ancienne église paroissiale, que nous avons visitée avec toutes les cérémonies et rites pontificaux accoutumés. Cette église se trouve hors des murs de la ville, elle est dédiée à saint Germain. De là, nous sommes entrés dans la ville, en compagnie de l'évêque, et avons visité l'église de Saint-Pierre, qui dépend de l'ancienne église paroissiale. On y remarque entre autres un autel dédié à saint Michel archange, auquel est attachée une confrérie de huit prêtres, chargés de le desservir. Il y a aussi une confrérie de la Croix et de Saint-Barthélemi. Lorsque les cérémonies furent achevées dans cette église, l'illustrissime évêque nous pressa, et insista avec tant de politesse, que nous fûmes obligé, avec toute notre suite, de nous rendre dans son château (*arcem*) et d'y demeurer pendant tout notre séjour. L'illustre prélat nous prêta toute sorte d'assistance et de secours dans notre visite. »

Il était bien naturel que l'évêque de Bâle reçût et traitât son métropolitain avec honneur. Cette station fut une des plus agréables pour l'archevêque. L'évêché de Bâle n'avait point été ravagé par la guerre comme l'Alsace et la Franche-Comté. Aussi toutes les églises sont en ordre et jouissent d'une grande prospérité. Dans les huit jours passés au château de Porentruy, l'archevêque et ses délégués ne visitent pas moins de vingt-une paroisses ou églises. A Burnevesin, qui est le centre le plus considérable de ce district, se trouvent un collége florissant tenu par les Jésuites, et une maison d'ursulines avec pensionnat. Ces deux maisons ont été fondées et sont dotées et soutenues par la munificence des évêques de Bâle. Il existe aussi dans ce bourg un hôpital qui a de bons revenus. Ce sont les magistrats qui l'administrent, et comme les comptes ne paraissent pas très nets, l'archevêque ordonne qu'à l'avenir, pour éviter les abus, ces comptes soient vérifiés chaque année par une commission composée de l'intendant de l'évêque de Bâle et du curé de Burnevesin.

Le huitième jour, le cortège archiépiscopal quitte la ville, et l'évêque de Bâle, escorté de sa maison, accompagne le métropolitain jusqu'à une lieue de Porentruy.

« Le 14 septembre, nous sommes arrivés à Vaufrey, village appartenant *à l'Alsace et à la France,* dont l'église est sous le vocable de saint Sylvestre. Comme les vendanges approchaient, nous avons été obligés de regagner notre résidence ordinaire. »

Ici se termine la première visite pastorale ; les événements politiques empêchèrent de l'achever. Il manque, comme on a pu le remarquer, toute la partie du diocèse comprise dans les décanats de Gray, Traves, Faverney, Luxeuil et Sexto, c'est-à-dire les trois quarts du département de la Haute-Saône, et les cantons du Doubs et du Jura compris entre Besançon et Dole. Malgré sa bonne volonté d'achever cette visite, l'archevêque ne put l'entreprendre à cause des événements politiques qui se pressèrent dans les années suivantes et des deux conquêtes qui finirent par rattacher tout le diocèse à la France. Malgré cette lacune, le prélat voulut envoyer son procès-verbal à Rome, et prouver au souverain pontife sa bonne volonté et son désir d'observer en tout les lois de l'Église. Voici comment il expose les faits et conclut son rapport :

« Nous sommes obligé de dire, à notre grande douleur et regret, que là (à Vaufrey) se fit le dernier acte de notre visite, et nous gémissons encore de ce qu'elle est restée imparfaite par suite des malheurs que la guerre entraîne après elle. En effet, l'année suivante 1668, au milieu même de l'hiver, et au mois de février, le roi très chrétien ayant rassemblé des troupes, n'hésita plus à les envoyer contre la Bourgogne, qu'il soumit promptement à son obéissance, parce qu'elle était dénuée de tout secours. Il en résulte que ses troupes furent répandues partout jusqu'au moment où le comté de Bourgogne fut restitué par l'heureuse intervention du très puissant roi catholique. Mais peu après, l'illustre prince d'Arenberg étant venu gouverner la province, elle ne cessa pas d'être remplie de gens de guerre. Le roi très chrétien, ayant renversé les châteaux forts et les murailles des villes, avait laissé le pays ouvert de tous côtés.

Pour le garder on fit venir de nombreuses troupes de cavalerie et d'infanterie qui furent disséminées partout, au point que le plus petit village n'en était pas exempt. Il en résulta que personne ne put voyager facilement et en sûreté, et qu'ainsi le moyen d'achever notre œuvre nous fut enlevé. C'est pourquoi nous avons dû recourir au saint-siége (que nous avions déjà prévenu de toutes ces choses) et qui nous avait donné l'ordre de rendre compte de ce que nous avions fait dans le cours de notre visite.

» Mais comme, d'après les décrets du concile de Trente, il ne nous est pas moins sérieusement prescrit d'exposer ce qui a rapport à l'état de notre diocèse et église, nous devons ajouter ici l'indication des torts et dommages qui lui sont faits et dont il souffre présentement.

» Peu de jours après l'arrivée du prince d'Arenberg à Besançon, on a commencé à construire sans relâche, sur le mont Cœlius, cité au commencement de cette relation, un fort qui s'appellera la citadelle. A l'heure qu'il est, on en voit l'enceinte qui s'achève. Dès le principe, nous en avons prévenu Votre Sainteté, afin qu'il lui plût d'empêcher la ruine de l'église Saint-Etienne, qui était imminente. Non-seulement cette église est en danger d'être renversée, mais la basilique de Saint-Jean l'Evangéliste, notre autre église métropolitaine, située au pied de la montagne, est menacée de l'être bientôt. Déjà l'ostension du saint Suaire sur cette montagne n'est plus permise aux chanoines, parce que le jubé de pierre construit depuis longtemps pour cette ostension près de la grande porte de l'église voisine de la forteresse, est enfermé par les murailles de la citadelle.

» D'un autre côté, les gouverneurs de la ville ont osé non-seulement supprimer, par un acte de leur autorité, la juridiction de la justice régalienne qui appartenait depuis tant de siècles aux archevêques de Besançon, mais encore se l'attribuer à eux-mêmes. Aucune des raisons que nous leur avons fait exposer, à plusieurs reprises, par des députés, touchant cette atteinte qu'ils portaient sans motifs aux droits de l'Eglise, n'a pu les fléchir. Bien plus, comme nous avions résolu de recourir non-seulement au saint-siége apostolique, mais à l'autorité impériale, dont les archevêques de Besançon tenaient ces droits, et qu'après avoir reçu le décret de Sa Majesté Impériale par lequel elle nous concédait ces mêmes droits en notre qualité de prince du saint empire romain, défendant que nous fussions troublé dans leur possession par quiconque, nous avions intimé cet ordre auxdits gouverneurs, les priant instamment de se désister de leurs turbulentes entreprises, ils y ont persisté, sans respect pour les ordres impériaux. De la sorte il ne nous reste aucun moyen d'obtenir réparation de ce tort, si nous n'avons l'espoir d'obtenir par l'autorité du saint-siége un décret simultané de Leurs Majestés Impériale et Catholique, contre les gouverneurs de Besançon.

» Nous avons la confiance que Sa Sainteté sait que ce ne sont pas là les seuls dommages que souffre notre Eglise, et pour ne rien omettre, nous lui rappellerons que notre official, qui est chanoine et prêtre, est retenu en prison par la haine et la vengeance des méchants. Malgré les réclamations des nonces du siége apostolique en Espagne et en Belgique, les ministres du roi n'ont pas encore daigné, depuis dix mois que dure cette détention, entendre le prévenu, l'interroger, et dire pourquoi on le retient.

» Enfin il arrive, ce dont nous avions déjà prévenu le saint-siége, qu'un mauvais prêtre de notre diocèse, qui a obtenu de la préture du lieu un décret possessoire ou de garde pour la cure de l'église d'Arbois, sans respect pour l'église, et surtout pour l'auguste sacrement de l'autel, l'a fait publier par un huissier à haute voix devant le maître-autel, et en a fait afficher une copie, avec l'instrument de cet exploit, à une des colonnes de l'église, en présence de témoins appelés à ce sujet.

» Ce prêtre avait obtenu de la chambre ecclésiastique instituée à Besançon par le très puissant roi catholique, une défense pour nous ou notre official de le reprendre ou corriger à l'avenir. Pour avoir ainsi recouru à la puissance séculière, nous avons déclaré qu'il était tombé sous le poids de l'excommunication édictée par les souverains pontifes, et qu'il l'avait encourue.

» Ensuite de cela, ce prêtre, suivant un mauvais exemple qui avait été donné l'année précédente, a eu recours au procureur général du parlement de Bourgogne, pour qu'il fît déclarer notre décision abusive et sans effet. Contre tout droit et toute autorité ecclésiastique, le procureur général a sommé la chambre de rendre ce décret, et même il n'a pas craint de lancer contre nous une citation à laquelle nous n'avons nullement déféré.

» La chambre soi-disant ecclésiastique a naturellement soutenu le mauvais prêtre, Jean-Baptiste Perrin; elle a déclaré la sentence de l'archevêque abusive, l'a condamné par contumace, et aux dépens.

» Telles sont les choses que moi soussigné, Antoine-Pierre de Grammont, par la grâce de Dieu et du saint-siége apostolique archevêque de Besançon et prince du saint empire romain, humble suppliant et fils très soumis, puis rapporter et dois exposer touchant la visite et l'état de mon diocèse, après avoir baisé vos bienheureux pieds, pour obéir aux ordres de la constitution de Sixte V. Je désire autant qu'il est en moi satisfaire à ces ordres, et cependant je n'ai pu le faire assez tôt et durant l'espace prescrit, et cela à cause du malheur des guerres que nous venons de subir, comme je l'ai exposé dans mes lettres au saint-siége.

» Si cependant je ne puis exécuter ces prescriptions, et aller de ma personne me prosterner aux pieds de Votre Sainteté avec la soumission et filiale révérence que je lui dois, si je suis retenu par les graves embarras qui m'accablent, soit à cause de la vaste étendue de mon diocèse, aux affaires courantes duquel ma présence de chaque jour suffit à peine, j'ai pensé qu'il serait agréable à Votre Sainteté de voir ces prescriptions canoniques accomplies en mon nom par le sieur François-Joseph de Grammont, docteur ès décrets, prêtre, chanoine de l'église métropolitaine, archidiacre de Luxeuil, mon neveu, fils de mon frère. C'est lui que j'institue procureur spécial pour cet objet, et qu'aux termes des constitutions précitées, j'ai choisi pour visiter en mon nom le tombeau des bienheureux apôtres, et que je charge expressément de transmettre à Votre Sainteté mon respect et mon obéissance, pourvu toutefois que vous daigniez, très saint-père, me faire adresser des lettres de prorogation pour la visite que je dois faire moi-même et en personne.

» Avant de terminer, j'ajouterai encore qu'aux termes de la constitution de Clément VIII sur la manière et la règle à suivre pour l'institution des monastères, je me suis opposé autant que possible à l'érection de nouvelles maisons de ce genre.

» Cependant le péril des âmes et les instances réitérées du duc de Mazarin m'ont forcé en quelque sorte à attacher des religieux du tiers-ordre de Saint-François au service d'une chapelle dont il est le collateur, à Giromagny, et qui est bien dotée. Comme les habitants de ces montagnes sont continuellement occupés à extraire du métal des mines, ils étaient véritablement ignorants des éléments de la foi (*silvestres in rudimentis fidei*), et vivaient sans secours et consolations spirituels. Nous avons trouvé dans notre visite que depuis l'érection de cette chapelle, ils étaient beaucoup plus instruits, et nous espérons qu'ils avanceront dans la piété, si toutefois cette œuvre est agréée de Votre Sainteté.

» J'ai aussi refusé aux Pères de l'ordre des carmes déchaussés l'autorisation de s'établir à Bletterans. Ils se sont adressés au roi catholique, qui leur a permis de s'y établir pour quelques années, exigeant d'eux la preuve qu'ils pourraient y vivre. Je n'ai pu empêcher cela, mais c'est mon devoir d'en prévenir Votre Sainteté afin qu'elle y pourvoie.

» A Vuillafans, terre de la marquise de Varambon, où il n'existe encore aucun couvent, la dame du lieu, les habitants et tout le peuple du voisinage ont fait de telles instances et réclamations, que j'ai cru devoir permettre l'érection d'un couvent de capucins. J'ai cru que Votre Sainteté ne me désapprouverait pas, parce que ces populations ne jouissaient d'aucune prédication et consolation spirituelles.

» Les habitants de Pontarlier ne m'ont pas fait moins d'instances pour avoir des religieuses bernardines, afin d'instruire les jeunes filles, ce qui se fait avec grand fruit, non-seulement pour les enfants de la ville, mais sera d'un grand profit pour celles qui viennent au loin des lieux circonvoisins.

» Je me suis occupé d'ériger un séminaire selon les prescriptions du concile de Trente ; mais il n'y a pas de fonds pour le soutenir, et ceux qui y viennent sont obligés de subvenir avec de grands frais à leur entretien et nourriture. Beaucoup de choses seraient nécessaires pour faire face aux autres dépenses qu'entraîne cet établissement, et les revenus archiépiscopaux, qui sont au-dessous de la charge (*impares oneri*), ne peuvent y suffire. Avec leur secours, j'ai fait jusqu'à présent plus que je ne pouvais pour une œuvre si importante. J'ai résolu d'y unir deux chapelles de patronage archiépiscopal, après toutefois que les chapelains qui les desservent seront morts. Et quoique je ne me défie nullement des bonnes intentions de mes successeurs, cependant on peut à peine espérer que ce séminaire puisse subsister par la suite, si Votre Sainteté n'y pourvoit en y unissant quelque bénéfice, comme le prieuré de Jussa-Moutier de Besançon et le prieuré de Saint-Renobert près Quingey. C'est ce que je demande instamment.

» Je dois dire aussi à Votre Sainteté qu'un bon nombre (*quàmplurimi*) d'aspirants au sacerdoce, ayant été trouvés de science insuffisante dans l'examen préalable que prescrit le concile de Trente, et qu'on renvoie jusqu'à ce qu'ils soient plus capables, s'en vont à Rome dans l'espoir d'être admis plus facilement et d'obtenir une dispense, le tout afin d'échapper aux exercices du séminaire. Il n'y a pas de remède à cette fraude et erreur, si nuisibles à l'instruction ecclésiastique, si Votre Sainteté ne daigne déclarer que personne du diocèse de Besançon ne sera admis aux ordres sacrés, s'il n'est muni d'un dimissoire en règle, constatant qu'il a suivi les exercices du séminaire.

» Comme il est clair que la juridiction ecclésiastique a beaucoup perdu depuis cinq ans que le nommé Colbert est intendant d'Alsace pour le roi très chrétien, et que cet homme ne cesse, en s'opposant à nos décrets, d'empêcher les effets de la visite, je supplie Votre Sainteté de vouloir bien agir auprès du roi très chrétien pour que la juridiction de l'archevêque soit dans cette contrée la même qu'elle était avant l'occupation française et sous le régime de l'auguste maison d'Autriche.

» Je dois de nouveau appeler l'attention de Votre Sainteté sur le tort fait à la juridiction ecclésiastique par l'appel comme d'abus au pouvoir séculier. Toute l'autorité archiépiscopale serait par là anéantie, et par ce moyen et secours les mauvais prêtres demeureraient impunis si Votre Sainteté ne remédie promptement à cet état de choses.

» Je remarquerai enfin que les chanoines désobéissants de mon église métropolitaine n'ont pas encore satisfait au saint-siége, pour les censures qu'ils ont encourues.

» J'ai la confiance que Votre Sainteté voudra bien, dans sa bonté paternelle, pourvoir aux choses qui pressent le plus. Et c'est en lui baisant les pieds que, pour faire foi de toutes ces choses, je les ai signées, y ai apposé mon sceau et ai voulu qu'elles fussent signées par le secrétaire de la visite, rédacteur des actes, le dernier jour de septembre l'an du salut 1669. † ANTOINE-PIERRE, *archevêque de Besançon.*

» Par mandement de mon illustrissime et révérendissime seigneur, et comme secrétaire général de la visite, BILLEREY. »

Ce procès-verbal est suivi de trois lettres apostoliques qui servent à justifier le retard que l'archevêque a mis à faire son voyage *ad limina*. Ce sont trois prorogations envoyées de Rome et autorisant le prélat à différer son voyage. La première, datée du 1er septembre 1668, lui accorde un an ; la seconde, du 9 février 1669, et la troisième, du 18 juillet de la même année, lui accordent chacune six mois.

Nous n'ajouterons aucune réflexion à cette page si instructive de notre histoire diocésaine. Elle est assez éloquente par elle-même. Le langage de l'illustre archevêque et ses sentiments de respect et d'amour filial pour le saint-siége sont encore plus remarquables, si l'on veut bien se souvenir qu'il écrivait à une époque où, selon l'observation d'un historien protestant, « les évêques de l'Eglise gallicane, en prenant des libertés vis-à-vis du pape, tombaient dans la servitude vis-à-vis du roi. » Si Louis XIV n'eût trouvé dans ses Etats, comme il le souhaitait un jour, que des prélats semblables à M. de Grammont, il eût été sans doute beaucoup moins tenté de s'aventurer dans les questions théologiques et dans le domaine de l'Eglise.

La soumission au saint-siége dans ces temps difficiles, la fidélité à observer les prescriptions du concile de Trente et les constitutions apostoliques, furent les fondements de la haute renommée que M. de Grammont préparait à notre diocèse. Le plus bel éloge que l'on put faire sur la tombe de son successeur François-Joseph, se résuma dans ces lignes écrites par le pape Clément XI (juin 1718) :

Ita ut tota diœcesis mutata, ubique splendescente virtute, sit una ex primis et perfectioribus, atque sanctius ordinata, totius Ecclesiæ sanctæ romanæ.

BESANÇON, IMPRIMERIE DE J. JACQUIN.

www.ingramcontent.com/pod-product-compliance
Lightning Source LLC
Chambersburg PA
CBHW060523050426
42451CB00009B/1123